OBSERVATIONS

SUR la suppreſſion & ſuppoſition d'ÉTAT dans la Cauſe du Sieur HATTE fils.

DANS toutes les queſtions d'état qui ont été agitées juſqu'à préſent, la preuve que les Réclamans demandoient de faire, avoit deux objets.

1°. D'établir la ſuppoſition de l'état actuel & la ſuppreſſion de l'état véritable.

2°. De prouver la vérité de l'état reclamé.

C'eſt par cette double preuve que la Juſtice eſt venu au ſecours des *Bonneval*, des *Toquelin*, des *Tourvile*, des *Dulac-Capé*, des *Ferrand*, des *Choiſeul*. On a jugé dans toutes ces Cauſes que la preuve par témoins de ces deux faits étoit admiſſible.

Mais la Cauſe du ſieur Hatte a ſur toutes les autres un avantage qui ſuffiroit ſeul pour déterminer l'admiſſion à la preuve.

Il rapporte déja une preuve concluante de la ſuppoſition de ſon état actuel, & de la ſuppreſſion de ſon état véritable, de maniere qu'il ne lui reſte plus qu'à prouver quel eſt l'état dont ont l'a dépouillé.

A

Cette preuve, fi elle eſt acquiſe, comme nous le ſou-
tenons, doit être déciſive. C'eſt pour l'état reclamé le
commencement de preuve le plus victorieux. D'ailleurs
ſi l'on a ſupprimé l'état du Réclamant, c'eſt un délit.
Or un délit prouvé ne peut ni demeurer impuni, ni
n'être pas réparé. La Juſtice ne peut voir d'un œil in-
différent qu'on ait attenté à l'état d'un Citoyen, ni refuſer à ce Citoyen les moyens de prouver quel eſt l'é-
tat qu'on lui a ravi.

Raſſemblons les preuves de cette ſuppreſſion & ſuppoſition d'état.

Le Réclamant n'eſt aujourd'hui connu que ſous le
nom de *Rougemont*. Il a agi, il a contracté ſous ce
nom. Un acte de baptême ſemble en être le titre, & il
a adopté cet acte de baptême.

Voilà ſans doute une poſſeſſion apparente d'état, &
il faut convenir que la préſomption naturelle qui ſe
préſente à l'eſprit, eſt que cet état eſt celui du Réclamant.

Mais il eſt poſſible que cette poſſeſſion ſoit légitime
& véritable : il eſt poſſible auſſi qu'elle ſoit fauſſe &
ſuppoſée.

La Demoiſelle Ferrand vécut dans le monde pendant quarante-neuf ans ſous le nom de *Batilly*. Pendant ce long eſpace de tems, la poſſeſſion de ſa famille
annonça qu'il n'y avoit pas eu d'enfant du mariage de
M. & de Madame Ferrand ; des collatéraux s'étoient
en conſéquence mis en poſſeſſion des biens de M. Ferrand, & en jouiſſoient paiſiblement depuis nombre
d'années. La Demoiſelle Ferrand réclama, & elle fut
écoutée malgré cette longue poſſeſſion d'un état différent.

Le sieur de Tourville baptisé sous le nom de *Du-vivant*, n'avoit porté que ce dernier nom pendant trente ans. La Demoiselle de Saint - Cir avoit été de même durant l'espace de vingt-six ans , livrée à une supposition de nom. *Mille actes & mille actes domes-tiques* * s'élevoient contre eux , & sembloient devoir les enchaîner à jamais dans l'état qu'on leur avoit sup-posé. Cependant leurs actes de baptême & leur posses-sion ont été réformés comme l'ouvrage du mensonge.

Ou les principes sont anéantis, ou il faut conclure que le sieur Hatte ne doit pas redouter plus que ces Réclamans l'impression du titre & de la possession qu'on lui oppose. Mais que d'avantages n'a-t-il pas mê-me sur eux tous ? On va en juger par la multitude de preuves qui se réunissent , & contre ce prétendu titre ,- & contre cette prétendue possession.

1°. L'acte de baptême, qu'on prétend être son titre, considéré en lui - même, est incapable de faire foi en Justice.

On sçait que ces sortes d'actes tirent leur principale force de la présence & de la signature du pere. Mais dans celui-ci le pere est dit *absent*. Son témoignage pouvoit à la vérité être suppléé par celui des parrains & marraines ? Mais tous deux étoient impuberes. Le parrain n'avoit qu'onze ans. La marraine n'en avoit que huit.

Le témoignage des impuberes n'est admis , ni en matiere civile , ni en matiere criminelle. *Lege Juliâ cavetur ne in reum testimonium dicere liceret qui impu-beres erunt.* L. 3 , ff. §. 5 , de testibus. Il est donc im-

* Mémoire de feu Mᶜ Aubry.

possible d'ajouter aucune foi à l'acte de baptême du 17 Août 1720.

Cet acte à la vérité porte la signature du Ministre de l'Eglise qui a fait le baptême. Mais ce Ministre de l'Eglise n'a pas été le témoin de la naissance. Il n'a fait que recevoir les déclarations des parrains & marraines : il a attesté que ces déclarations lui ont été faites. Mais il n'a pas pû en attester la vérité.

Cette premiere observation suffiroit pour écarter entierement l'acte de baptême. Un titre informe, un titre qui ne prouve rien, n'est pas un titre. Ce seroit se jouer de l'état des hommes que de le faire dépendre d'une telle preuve.

2°. Cet acte informe & illégal est-il celui du Réclamant ? Tout dépose du contraire.

D'abord si ç'eût été le titre de son état, on lui en auroit toujours fait porter les noms. Nulle raison ne pouvoit en empêcher, & il est impossible d'imaginer aucun prétexte de dissimulation. Cependant quels sont les noms de baptême & de famille que porte le Réclamant dès les premieres années de sa naissance ? Il ne paroît, on ne le connoît que sous les noms *de Marie-Joseph-Jean-Baptiste Corrigé de la Riviere*. Il porte ces noms à la pension de Ceullin, & au College de la Marche. On les lui donne dans un certificat de vie & de mœurs en 1733. Il les prend lui-même dans trois inscriptions de Philosophie des années 1736 & 1737 ; tout cela est établi par pieces. Enfin il est constant que ce n'est que depuis 1740 que le sieur Hatte a pris le nom de *Charles-Joseph de Rougemont*.

Or, ces deux poſſeſſions ſucceſſives de deux états différens ne peuvent ſe concilier ni concourir. Un enfant
ne peut avoir eu pendant vingt ans un état, & pendant
vingt ans un autre. Si le Réclamant étoit *Marie-Joſeph-
Jean.-Baptiſte Corrigé de la Riviere*, il devoit l'être
pour toujours. Si au contraire ſon vrai nom étoit *Rougemont*, il l'auroit porté dès ſa naiſſance. Ces varia-.
tions, cette contrariété de poſſeſſion, non-ſeulement
dans les noms de famille, mais même dans les noms
de baptême, prouvent qu'aucun de ces états n'appar-
tient au Réclamant. Il a été le jouet de toutes ces ſuppo-
ſitions imaginées pour cacher ſon véritable état. Voilà
tout ce qu'on peut conclure raiſonnablement.

3°. Dira-t-on qu'il faut choiſir entre ces deux poſſeſſions ; que l'une des deux eſt la véritable, & que
celle qui eſt établie par un acte de baptême, mérite
d'être préférée ?

Mais nous avons déja fait voir que cet acte de baptême ne doit être compté pour rien, parce qu'il eſt informe, & qu'il n'a aucun caractere probant.

Nous pourrions ajoûter que ſi l'une de ces deux poſſeſſions pouvoit mériter plus de confiance, ce ſeroit la
premiere ; c'eſt celle des premieres années ; c'eſt celle
qui touche de plus près la naiſſance ; c'eſt celle qui fixe
l'état de tous les Citoyens :

Mais ne s'agit-il donc ici que de choiſir arbitraire-
ment entre deux états différens, celui qu'on appliquera
au Réclamant ? L'état des hommes ne peut pas être li-
vré à cette incertitude. Il y a pour le conſtater & l'aſ-
ſurer, des formes établies par la Loi, & dont il eſt impoſſible de s'écarter.

A la suite de près de vingt années de poſſeſſion d'un premier état ſuppoſé, on a donné au Réclamant un nouvel état. De quel droit le lui a-t-on donné? Où eſt la preuve que ce fût ſon état véritable? A-t-il dépendu du ſieur Corrigé ou de la Dame Hatte de l'at-tacher irrévocablement à une nouvelle filiation, ſans avis de parens, ſans décret du Juge, ſans acte de no-toriété? Ils auroient donc pu de même lui conſtituer tout autre état.

Trop jeune pour réfléchir ſur ces variations, le ſieur Hatte a adopté l'état qu'on lui préſentoit. Mais ſup-poſons que dans cet inſtant il eût demandé la raiſon de ce changement, & qu'il eût pu oppoſer une volonté réfléchie à cette nouvelle erreur à laquelle on eſſayoit de le livrer, auroit-on pu le forcer, en lui préſentant l'acte de baptême du 17 Août 1720, d'adopter ce nom, cet état, cette prétendue parenté? Prouvez-moi, au-roit-il dit, que cet acte de baptême eſt le mien. Quoi? j'ai été juſqu'à préſent *Marie-Joſeph-Jean-Baptiſte Corrigé de la Riviere*, & vous voulez que je devienne un nouvel être, que je me croie le fils d'*Etienne Rou-gemont & de Jeanne Morel*, que je n'ai jamais vus ni connus? Si je ſuis leur fils, pourquoi m'a-t-on juſqu'à cet inſtant donné d'autres pere & mere? Si je ſuis *Marie-Joſeph-Jean-Baptiſte Corrigé de la Riviere*, pourquoi veut-on que je devienne *Jean-Baptiſte de Rougemont*?

Il eſt évident qu'on n'auroit pu forcer le Réclamant à adopter ces nouveaux noms. On ne l'auroit pas pu, parce que rien ne prouvoit que l'acte du 17 Août 1717 fût ſon acte de baptême. On ne le peut pas davantage aujourd'hui, parce que rien ne prouve encore que cet acte de baptême ſoit le ſien.

4°. Mesdames de Vauvray & de Vieuxmaisons ont trouvé la preuve que l'acte de baptême du 17 Août 1720 a été levé en 1728. Par qui l'a-t-il été, & pourquoi l'a-t-on levé? C'est ce qu'on ignore. Cependant cette circonstance n'est pas indifférente ; elle montre de plus en plus que cet acte de baptême n'étoit pas celui du Réclamant : car si c'eût été le sien, on l'eût vu du moins prendre dans cet instant les noms de son véritable état, & il est prouvé au contraire qu'en 1730 il est entré au College de la Marche sous le nom de *Marie-Joseph Corrigé de la Riviere ;* qu'en 1733 on lui a donné, sous les mêmes noms, le certificat de vie & de mœurs pour la tonsure ; qu'en 1736 & 1737 il a pris trois Inscriptions de Philosophie, toujours sous les noms de *Marie-Joseph-Jean-Baptiste Corrigé de la Riviere ;* & qu'enfin on ne lui a donné le nom de *Rougemont* que lorsqu'il est entré au Service, & pour lui en faciliter l'entrée. Cet acte de baptême levé en 1728, n'est donc qu'une nouvelle preuve de la persuasion dans laquelle on étoit que le nom de *Rougemont* n'appartenoit pas au Réclamant.

5°. D'autres preuves se réunissent encore pour démontrer de plus en plus la supposition.

En 1740 le Réclamant entre dans le Régiment d'Aunis, & dans ce même instant on le fait passer pour *neveu du sieur de la Bourgonniere, Major de la Citadelle de Marseille.* Nous rapportons les Lettres de ce Militaire, décédé depuis plusieurs années, dans lesquelles il appelle le sieur de Rougemont son *neveu ;* & d'un autre côté nous produisons un acte de notoriété de tous ses parens domiciliés en basse Bretagne, qui attestent qu'ils n'ont jamais eu de parent du nom de Rougemont, & que *c'eſt à la ſollicitation d'un riche Financier* que le ſieur de la Bourgonniere s'eſt prêté à cette ſuppoſition.

A peine le Réclamant eſt-il entré dans le Régiment d'Aunis, qu'il ſe voit expoſé à des *tracaſſeries*, & qu'on entend retentir de tous les côtés qu'il n'eſt pas le fils d'un *Officier*. Le Régiment fait des *recherches* ; le Réclamant en fait de ſon côté ; & *après toutes ces recherches le Régiment demeure convaincu que le nom de ROUGEMONT eſt un nom ſuppoſé*. Les certificats de pluſieurs Colonels de ce Régiment dépoſent de ces faits.

Enfin le Réclamant a recours aux regiſtres de la Capitation des années 1719, 1720 & 1721. On devoit y trouver ſans doute au nombre des Citoyens, *un Officier demeurant cul-de-ſac S. Pierre;* mais cette nouvelle recherche a eu le même réſultat que toutes les autres, & il eſt demeuré pour conſtant que perſonne n'a jamais vu ni connu cet *Etienne Rougemont & Anne Morel ſa femme*.

Qu'eſt-ce donc qu'un tel état? Un acte de baptême paroît le conſtater. Mais c'eſt un acte informe ; mais la maniere dont on l'a fait adopter au Réclamant, eſt encore plus informe ; mais ce n'eſt qu'après vingt années d'une poſſeſſion de noms de baptême & de famille contraires, qu'on le lui a appliqué; mais on auroit pu lui ſuppoſer tels autres pere & mere qu'on auroit voulu ; mais tout prouve que ces prétendus pere & mere n'ont jamais exiſté. Peut-on, ſans ſe refuſer à l'évidence même, être ſeulement tenté de croire que ce ſoit là l'état du Réclamant?

Si cet état eſt ſuppoſé, le véritable état du Réclamant

mant a donc été supprimé ; c'est une conséquence né-
cessaire : & s'il y a preuve acquise, preuve déja complette de la suppression de l'état véritable & de la supposition de l'état actuel, n'est-il pas absurde d'imaginer
qu'à la vue de ce double délit la Justice, muette & in-
sensible, ne permettra pas même au Réclamant de
faire la preuve de l'état dont on l'a dépouillé ?

Le crime qui tend à se supposer un enfant, n'est pas
plus atroce que celui qui prive un enfant de son état ;
cependant toutes les fois qu'on a demandé à la Justice
de faire preuve du premier de ces crimes, cette preuve
a été accordée.

On en a cité à l'Audience un exemple récent, & qui
devroit suffire pour faire apprécier à leur juste valeur
toutes les vaines clameurs, tous ces inconvéniens &
ces dangers prétendus, qui font dans ces sortes de
Causes la ressource de ceux qui ignorent les principes,
ou qui veulent secouer le joug des Loix.

La Duchesse d'Hamilton a été admise par la Cour
même à prouver que le Duc de Douglas a été supposé
par *Miladi Jeanne Douglas* & par *le Chevalier Jean
Stuard.* En possession de l'état de leur enfant légitime,
& soutenu dans cette possession par un acte de baptême
en bonne forme, le Duc de Douglas voit son sort
attaché à l'évenement d'une preuve testimoniale. Il s'est
pourvu à la vérité en Angleterre contre la preuve qui
s'étoit faite en France ; mais si l'on a rejetté cette preuve, comme faite incompétemment, les Juges d'Angleterre ont en même tems admis les faits articulés par la
Duchesse d'Hamilton, & ils ont nommé des Com-

miffaires en France pour recevoir de nouveau les dépo-
fitions des témoins. L'autorité même du Roi eft inter-
venue dans cette Affaire, & par des Lettres-patentes
les Commiflaires François ont été autorifés à procéder
en exécution de la Commiflion du Tribunal d'Ecofle.

Ainfi la Cour, le Souverain de qui elle tient fon autorité, & les Tribunaux de Londres, ont prononcé
que quoiqu'un enfant eût titre & poffeffion d'un état
éminent, il étoit indifpenfable d'admettre contre lui la
preuve de la fuppofition articulée de cet état. Quelles
feroient donc les Loix qui pourroient conduire à dé-
cider dans notre Caufe, qu'un Réclamant qui a déja
la preuve acquife de la fuppofition de fon état, ne peut
pas être reçu à faire celle de l'état qu'on lui a ravi?

On a parlé de prefcription de la part de Mefdames
de Vauvray & de Vieuxmaifons. On a dit que, fuivant
les Loix Romaines, la prefcription de ce crime étoit acquife par vingt ans. C'eft apparemment pour établir
quelque différence entre l'Affaire que nous venons de
citer, & celle du fieur Hatte, quoiqu'on n'ait pas cependant entrepris d'en critiquer le parallele. Mais on
n'a pas cité ces Loix Romaines. Difent-elles effectivement ce qu'on leur fait dire? En voici une, en tout
cas, qui s'exprime bien différemment. C'eft la Loi 19,
§. 1, *ad Leg. Corn. de Falfis.* « L'accufation de fuppo-
» pofition d'état ne s'éteint par aucune efpece de pref-
» cription, la mort même des coupables n'empêche pas
» de la pourfuivre : *Accufatio fuppofiti partûs nullâ tem-*
» *poris præfcriptione depellitur, nec intereft deceflerit nec-*
» *ne ea quæ partum fubdidiffe contenditur* ».

Un enfant doit donc être reçu en tout tems à se plaindre du crime par lequel il a été privé de son état, aucune fin de non - recevoir ne peut lui être opposée.

Pour prouver ce crime, il n'y a pas ordinairement d'autre voie que la preuve testimoniale. Les crimes ne se prouvent pas par des *titres*, par des *actes*. Les naissances, dit-on, doivent, suivant nos Ordonnances, se prouver par les actes de baptême. Qui est-ce qui en doute ? C'est la regle générale. Mais lorsque des pere & mere injustes ont caché la naissance, ont empêché qu'on ne la constatât dans les registres publics, ont déguisé l'état de leur enfant, ne seroit-ce pas le comble de l'absurdité de demander à cet enfant de prouver son état par un acte de baptême ? C'est lui demander une preuve par écrit de la jalousie, de la frénésie de son pere. Quelle illusion !

Mais le sieur Hatte n'a pas besoin de recourir à ces moyens si justes & si sensibles : on vient de voir qu'il prouve déja cette supposition & cette suppression d'état. Il ne lui reste plus qu'une chose à établir ; c'est que l'état qu'on lui a ravi, est celui de fils légitime des Sieur & Dame Hatte : or cette preuve pourroit-elle désormais lui être refusée ?

J'ai été volé : je le prouve. Peut-on ne pas m'admettre à faire la preuve des effets qui m'ont été volés ?

Voilà précisément la Cause. Le Réclamant a été dépouillé de son état. Rien n'est mieux prouvé : & on le condamneroit, malgré ces preuves, à rester dans un état n'être pas le sien ! Et on rejetteroit l'offre qu'on fait qu'il fait de prouver quel eſt l'état qu'on lui a enlevé ! De tels doutes ſont un ſcandale.

On lui objecte qu'il a adopté cet état.

Les exemples de Ferrand, de Tourvile, de Saint-Cyr, que nous avons déja cités, répondent à l'objection : la Loi y répond encore mieux. L'erreur de fait ne nuit pas ; l'erreur même de droit ne peut être oppoſée à ceux qui réclament leur état : *Error facti non nocet. . . . . Error juris non nocet ſuum petentibus.*

Il a, dit-on encore, différé trop long-tems de ſe plaindre.

Mais il n'a connu ſon état qu'en 1757, & de cet inſtant il a obtenu des congés continuels pour vaquer à la recherche de ſes preuves. Ces congés ſont certains ; & d'ailleurs il rapporte les Conſultations des plus célébres Juriſconſultes auxquels il a eu recours depuis 1757, qui n'ont ceſſé de le guider, de diriger ſes pas, & qui enfin l'ont déterminé à intenter ſon action, lorſqu'ils ont cru qu'il pouvoit ſe préſenter avec confiance aux pieds de la Juſtice.

Enfin on objecte que l'Ordonnance n'admet la preuve par témoins en matiere d'état, que *lorſque les regiſtres ſon perdus, ou qu'il n'y en a jamais eu.*

Nous répondrons avec M. d'Agueſſeau dans l'Affaire de Deſnotz, que *l'Ordonnance ne dit pas que la preuve ne ſoit admiſſible que dans ce ſeul cas ; & que quand elle l'auroit ajouté, on pourroit dire que nous ſommes aujourd'hui dans le cas de l'Ordonnance, puiſqu'on articule, non pas à la vérité la perte des regiſtres, mais, ce qui revient à la même choſe, qu'il n'y a pas eu de baptême.*

Nous ajouterons avec M. Joly de Fleuri & M. Gilbert de Voisins, que *c'est même exagérer que de dire qu'il faille un commencement de preuve par écrit dans ces matieres, pour faire admettre la preuve.*

Nous dirons enfin que la Cour a jugé cent fois, & notamment dans l'Affaire de la Duchesse d'Hamilton, que l'Ordonnance ne défend pas la preuve par témoins de l'état supprimé, & qu'elle n'a cessé d'adopter cette Loi équitable des Romains : *Statûs falsa simulatio veritatem non minuit : itaque ad examinationem veri omnis jure prodita probatio debet admitti.* L. 15, cod. *de liber. causâ.*

Après cela, demandera-t-on encore au sieur Hatte des commencemens de preuve de l'état qu'il réclame?

Il n'en a pas besoin, aucune Loi ne les a jugé nécessaires, aucun article de nos Ordonnances ne les a exigés. Elles en demandent en matiere de conventions, parce qu'il n'a dépendu que des Parties de se procurer une preuve écrite de leurs engagemens; mais *des délits, des faits indépendans des Parties, ne sont susceptibles ordinairement*, comme le disoit feu M. Joly de Fleuri en 1711, *ni d'une preuve par écrit, ni d'un commencement de preuve.* C'est donc ajouter à nos Loix, c'est introduire une probibition qu'elles n'ont pas faite, c'est suppléer une disposition pénale, que d'exiger sur un fait de cette espece des commencemens de preuve. Cette idée doit même répugner à tout esprit raisonnable; il faudroit en effet supposer dans nos Ordonnances une disposition qui seroit ainsi conçue :

« La preuve de la naissance sera faite par des regis-

» tres en bonne forme, dans lesquels on exprimera les
» noms de l'enfant, du pere, de la mere, du parrain &
» de la marraine ». (Voilà ce que portent les articles 7
& 9 de l'Ordonnance de 1667, & voici ce qu'il faudroit y ajouter). « Et si l'on a déguisé les noms de l'en-
» fant, & ceux du pere & de la mere ; si on lui a sup-
» posé d'autres noms, d'autres pere & mere, ou si on
» n'a pas fait inscrire sa naissance dans les regiftres pu-
» blics, l'enfant ne pourra être admis à la preuve de
» cette suppreffion de son état ; & à moins qu'il ne rap-
» porte un commencement de preuve par écrit, il
» n'aura aucune reffource contre l'injuftice ou la négli-
» gence de ses pere & mere ».

Voilà exactement ce qu'il faudroit que le Légiflateur
eût dit, pour que le fyftême de Mefdames de Vauvray
& de Vieuxmaifons eût du moins quelqu'appui. Faut-
il s'étonner si l'Ordonnance ne contient rien de fem-
blable ? Ce fyftême réduit en principe ou en difpofi-
tion légale, feroit la chose la plus monftrueufe.

Au refte, tout abfurde qu'il eft, ce fyftême, ad-
mettons-le pour un inftant, le fieur Hatte n'auroit encore rien à redouter ; il réunit les commencemens de
preuve, les plus convainquans, des commencemens de
preuve peut-être déja fupérieurs à une preuve teftimoniale.

Relativement à l'état actuel,

1°. La fuppofition eft entierement prouvée : on
vient de le voir.

2°. La fuppofition de l'état véritable eft auffi prouvée : c'eft la conféquence infaillible de la fuppofition
de l'état actuel.

Relativement à l'état réclamé,

1°. Le *tractatus* est prouvé par le compte double de 1753. Il résulte de ce compte, que c'est la Dame Hatte qui a pris soin du Réclamant en nourrice, en pension, au College, dans tous les tems de sa vie.

2°. Long-tems avant que la Cause s'engageât, la Dame Hatte à reconnu son fils. Elle a avoué sa maternité au Confesseur de son mari dans sa lettre du 29 Août, & dans celle du 24 Décembre 1759 ; lettres qu'elle avoit oubliées, que son fils ignoroit, & dont la connoissance n'a été acquise dans la Cause que par le fait de Madame de Vieuxmaisons.

La Dame Hatte a voulu de plus présenter son fils à son mari pour le faire reconnoître, & l'on a *tenu pendant trois jours les portes fermées aux verrouils* pour empêcher cette reconnoissance.

Enfin, elle déclare à la Justice, elle offre d'affirmer que le Réclamant est son fils.

3°. La reconnoissance de la famille fournit un nouveau commencement de preuve. Il est d'autant plus précieux, que cette reconnoissance est universelle, qu'elle émane des parens les plus respectables, de tous les parens paternels sans exception, & de parens qui seroient les héritiers de Mesdames de Vauvray & de Vieuxmaisons, au défaut du sieur de Girardin.

4°. On doit enfin regarder au moins comme un commencement de preuve les aveux faits par Mesdames de Vauvray & de Vieuxmaisons aux Requêtes du Palais.

On objecte que tous ces commencemens de preuve

de l'état réclamé, ne font que des *papiers domeſtiques* qui, ſuivant l'Ordonnance, ne peuvent faire preuve que lorſque *les pere & mere* ſont décédés.

Mais on n'y a pas réfléchi. Quand les *pere & mere ſont décédés*, leurs *papiers domeſtiques font preuve entiere de l'état :* voilà ce qui réſulte de l'article 14. Mais il ne s'agit ici que de *commencemens de preuve*, & conſtamment ſi la loi admet *comme preuve complette les papiers domeſtiques des pere & mere décédés*, il eſt impoſſible que la Juſtice n'adopte pas du moins chacune de ces circonſtances comme *commencemens de preuve*. Mais ce n'eſt pas aſſez dire. Chaçune de ces circonſtances priſe ſéparément peut n'être regardée que comme commencement de preuves. Réunies elles forment une preuve complette, & à laquelle un eſprit raiſonnable ne peut pas ſe refuſer. On peut dire même qu'elles ont préciſément le caractere fixé par l'Ordonnance. Car quand elle exige, pour que les *papiers domeſtiques* faſſent pleine preuve de l'état, que les pere & mere *ſoient décédés*, ce n'eſt, comme l'ont remarqué les ſavans Magiſtrats qui ont concouru à la rédaction de l'Ordonnance de 1667, que pour empêcher le concert de fraude entre un impoſteur & de prétendus pere ou mere dont il auroit acheté le ſuffrage. Mais ces ſoupçons ne peuvent pas tomber ſur les lettres de la Dame Hatte, écrites il y cinq ans, & dont elle avoit perdu le ſouvenir : ſur le compte de 1753 : ſur l'aveu d'une famille intéreſſée à s'oppoſer à la réclamation, & encore moins ſur les aveux échappés à ces deux Adverſaires du Réclamant. Toutes ces preu-

vet

ves de maternité font l'ouvrage de la bonne foi ; elles font telles qu'elles l'emportent même fur l'enquête qui feroit la plus concluante. Elles font d'autant plus fortes, d'autant moins fufpectes, qu'elles ont été la plupart fournies au Réclamant par Mefdames de Vauvray & de Vieuxmaifons. Le tuteur qu'elles ont appellé à leur fecours fur l'appel, a eu raifon de dire que ce font elles *qui ont tout prouvé*.

On ne ceffe de rappeller dans cette Caufe la réclamation de la Dame de Bruix & l'Arrêt qui l'a rejettée : & de prétendre qu'il n'y eut jamais d'efpeces plus conformes. Achevons par ce parallele.

La Dame de Bruix étoit défavouée par la mere qu'elle réclamoit, & le fieur Hatte a été toujours reconnu par la fienne.

On rapportoit un acte de baptême qui prouvoit que la Dame de Bruix étoit fille du fieur de la Salle, & la Dame de Bruix avouoit que cet acte de baptême étoit effectivement le fien. Le fieur Hatte foutient au contraire & prouve, que l'acte de baptême du 17 Août 1720 lui a été fauffement appliqué.

L'acte de baptême de la Dame de Bruix avoit été figné par deux parrains, témoins valables ; & ici l'on ne trouve fur l'acte de baptême que la fignature de deux impuberes.

La Dame de Bruix difoit que le fieur de la Salle étoit un être fuppofé, & elle en rapportoit pour preuve unique un certificat des Bureaux de la Guerre, duquel il réfultoit que le fieur de la Salle n'étoit pas employé dans l'état militaire. Le fieur Hatte prouve au contraire jufqu'à l'évidence que les pere & mere qu'on lui a fuppofés , lorfqu'on lui a appliqué l'acte de baptême en 1740, n'ont jamais exifté.

La Dame de Bruix avoit eu une poffeffion conftante , uniforme de l'état de fille du fieur de la Salle ; & il eft prouvé dans notre Caufe que le fieur Hatte a été le jouet de mille fuppofitions , & qu'on lui a fait porter dans différens tems des noms de baptême & de famille abfolument oppofés & contradictoires les uns aux autres.

Une affemblée de parens & d'amis avoit confirmé par fon avis la poffeffion de la Dame de Bruix : & ici la famille publie à qui veut l'entendre , que l'état du Réclamant eft celui de fils des Sieur & Dame Hatte.

Voilà ce que l'on appelle deux Caufes identiquement les mêmes ! Ne ceffera-t-on donc jamais de varier dans cette Caufe ? L'un des Défenfeurs * de Mefdames de Vauvray & de Vieuxmaifons étoit convenu de bonne foi aux Requêtes du Palais, que *cette affaire ne reffembloit à aucune de celles qui avoient paru jufqu'à préfent.* Rien n'eft fi vrai. On ne vit jamais , on ne verra peut-être dans aucun tems, une réclamation fi jufte, fi évidente, des commencemens de preuves fi frappans, une lumiere enfin telle que la preuve teftimoniale la plus complette n'ajoutera rien à l'éclat des preuves que nous rapportons. On craint ordinairement dans ces Caufes les conféquences qu'elles peuvent entraîner. Mais doit-on craindre autre chofe dans celle-ci, que de fermer les yeux à la vérité, & de condamner un Citoyen recommandable au plus affreux néant? Son Corps lui contefte l'état de fils des Sieur & Dame de Rougemont. Mefdames de Vauvray & de Vieuxmaifons lui

* Me Aubry.

diſputent celui de fils d'une mere qui l'avoue. Qu'eſt-il donc ? N'a-t-il plus d'autre reſſource que d'errer au milieu de la ſociété, & d'accuſer la nature de lui avoir donné l'exiſtence ?

Monſieur S E G U I E R *, Avocat Général.*

M^e G E R B I E R , Avocat.

D A N J O U , Procureur.

P O S T S C R I P T U M.

L E S Mémoires de Madame de Vauvray & de Vieux-maiſons viennent de paroître. Nous nous flattons d'y avoir répondu d'avance. Mais on y inſiſte ſur trois faits qu'il peut être eſſentiel d'éclaircir.

1°. On dit dans ces Mémoires que *le fait de la naiſ-ſance ne pourra jamais être prouvé, parce que l'Accou-cheur & la Garde ne vivent plus.*

Il eſt certain que l'on ne pourra faire entendre en té-moignage, ni *Perrard*, ni la *Dubut*. Mais ils n'ont pas été les ſeuls témoins de l'accouchement. Il exiſte encore des domeſtiques, des voiſins, des amis qui en dépo-ſeront.

2°. On prétend dans ces mêmes Mémoires qu'il n'eſt pas vraiſemblable que la *Dubut chargée de faire bapti-ſer l'enfant à la Chapelle, l'eût fait baptiſer à Saint Euſtache ſans que la Dame Hatte ſe fût apperçue de ſa longue abſence.*   C ij

Nos faits articulés diffipent ce nuage. La Dubut étoit chargée de porter l'enfant en nourrice aufſitôt après le baptême, & ce fut chez elle que la nommée *la Grou*, du Village de Fripillon, vint prendre l'enfant. Elle fut pendant vingt-quatre heures éloignée d'auprès de la Dame Hatte, & la Dame Hatte qui en ſavoit la raiſon, ne put en prendre d'alarmes.

3°. Comment concilier, dit-on, *le baptême projetté par la Dame Hatte à la Chapelle, & ſous les vrais noms de l'enfant, avec les menaces du mari?*

Rien de plus ſimple encore. Les ſûretés que les menaces du mari obligerent la femme de prendre, ne devoient pas conſiſter à ſupprimer l'état de l'enfant, mais à l'éloigner des yeux du pere, à prendre une nourrice inconnue, à la choiſir dans un lieu éloigné, à ne la pas faire venir à la Chapelle, & enfin à empêcher dans la ſuite, en déguiſant les noms, que le pere ſçût ce qu'étoit devenu l'enfant.

Il y a encore un dernier fait ſur lequel on a confondu cent fois les Parties adverſes, & ſur lequel elles reviennent ſans ceſſe. C'eſt le reproche qu'elles font à la Dame Hatte, *d'avoir depuis ſon évanouiſſement pu agir pour ſon fils, & de n'avoir pas agi.*

Où eſt la preuve de ce fait? Une lettre du Curé de la Madeleine écrite pendant le cours des plaidoieries à Madame de Vieuxmaiſons, & enſuite déſavouée par celui qui l'a écrite, eſt-elle bien capable de prouver ce fait?

L'évanouiſſement eſt avoué. La Dame Hatte à éprouvé une *révolution* qui alarma tellement ſon mari, qu'il envoya affurer la *Dame Hatte* combien il étoit touché de *fon état*, avec inftance de demander tout ce dont elle auroit befoin, ce font les termes de la lettre du Curé du 23 Janvier 1760.

L'évanouiffement fans doute ne dura pas toujours. Mais la *révolution* qu'éprouva la Dame Hatte, âgée alors de foixante-quatorze ans, fut telle qu'elle ne rentra chez elle que pour fe mettre dans fon lit. Il eft bien fingulier qu'on ofe mettre en doute la ferme réfolution qu'elle avoit prife de préfenter fon fils à fon mari, lorfqu'il eft certain que le lendemain, dès fept heures du matin, elle retourna chez fon mari fuivi de fon fils ; lorfque le Curé de la Madeleine a attefté dans fa lettre du 28 Décembre 1759, qu'*il entendit dire chez M. Hatte, dans les derniers jours de fa vie, que M. de Rougemont étoit aux environs de la maifon, & que l'on s'attendoit d'inftant à autre de le voir entrer pour être préfenté à M. Hatte mourant par Madame fon époufe, à l'effet de le faire reconnoître ;* lorfque Madame de Vieuxmaifons n'a pas entrepris de dénier, ni à l'Audience, ni dans fes Mémoires, qu'elle eût crié fur l'efcalier : *les ennemis de mon pere font ici, M. de Rougemont eft à la porte, on veut le préfenter à mon pere pour qu'il le reconnoiffe ;* lorfque Madame de Vauvray de fon côté, loin de dénier qu'elle eût envoyé le fieur de Lalonde pour vérifier fi le fieur de Rougemont étoit à la porte, eft convenue expreffément aux Requêtes du Palais, qu'on avoit eu raifon de fermer la porte aux verrouils, & de prendre ces *précautions pour empêcher qu'un inftant d'anéantiffement ne détruisît l'ouvrage de quarante années de raifon.*

Ce dernier aveu doit du moins nous rester, puisqu'on n'a pas entrepris de le rétracter. On essaie dans les Mémoires d'affoiblir ceux qui concernent la maternité. Mais que doit-on penser de cette étrange variation, lorsqu'on lit encore dans l'un de ces Mémoires* que la Dame Hatte à *deshonoré toute sa vie son mari*. La diffamation de la mere a toujours été & est encore le plan de défense de nos Adversaires. On n'ose plus parler de *Marie-Joseph*, *Marquis de* ***. On s'en dédommage en accusant la Dame Hatte d'avoir deshonoré toute sa vie son époux. *Naturam expellas furcâ*.

* Plaidoyer imprimé, p. 41.

Me GERBIER, Avocat.

De l'Imprimerie de L. CELLOT, rue Dauphine, 1765.